AF562969

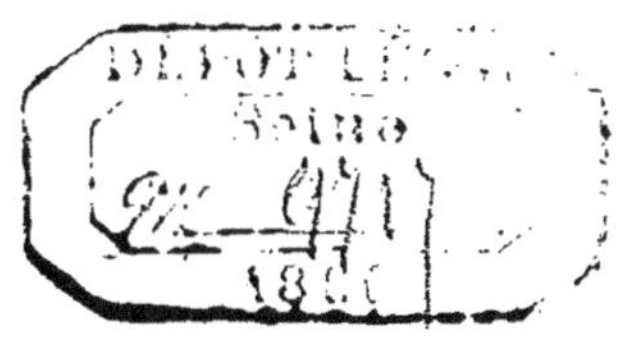

DISCOURS

PRONONCÉS

LE SAMEDI 6 OCTOBRE 1866

AUX OBSÈQUES

DE M. ROSTAN

PAR

MM. MONNERET, BOUCHARDAT, VIGLA
ET LUCIEN BOYER.

PARIS
IMPRIMERIE FÉLIX MALTESTE ET Cie,
RUE DES DEUX-PORTES-SAINT-SAUVEUR, 22.

1866

DISCOURS

PRONONCÉS LE SAMEDI 6 OCTOBRE 1866

AUX OBSÈQUES

DE M. ROSTAN

DISCOURS

DE

M. LE DOCTEUR MONNERET,

Professeur à la Faculté de Médecine.

MESSIEURS,

Une voix plus autorisée que la mienne, celle d'un professeur de la Faculté, d'un ami, d'un élève, devait venir payer à M. Rostan le tribut mérité de douleur et d'éloges que nous avons tous au fond du cœur ; mais retenu lui-même par un mal pénible qui le tient éloigné de nous, notre aimé collègue, M. Natalis Guillot, n'a pu se charger de cette mission. J'ai dû le remplacer, et je viens apporter ici, avec l'expression de nos regrets, l'appréciation sincère d'une vie honorable et remplie.

M. Léon ROSTAN, professeur honoraire de la Faculté de médecine de Paris, médecin des hôpitaux, membre de l'Académie de médecine, est né à Saint-Maximin en 1790 ; il est mort dans sa 77e année. Durant cette longue carrière, sa vie scientifique a été marquée par des travaux nombreux qui occupent une place importante dans l'histoire de la médecine contemporaine. Il s'est distingué tour à tour par son enseignement clinique, qui a eu un long retentissement, et par ses écrits pleins de méthode et de clarté.

M. Rostan a commencé et poursuivi ses études médicales dans des conditions exceptionnelles qu'il importe de rappeler. Il est venu à une époque heureuse pour ceux qui exerçaient une profession libérale. Une guerre longue et terrible venait de finir ; le pays épuisé songeait à reconstituer un ordre social nouveau ; les arts, les lettres, les sciences relégués jusqu'alors sur un plan secondaire, comme à toutes les époques belliqueuses, étaient appelés à reprendre une place importante dans la vie des peuples. L'étude de la médecine fut donc accueillie avec faveur, et reparut avec son cortége obligé des sciences. L'anatomie, la physiologie surtout, qui n'avaient jamais cessé d'être cultivées par les hommes illustres dont tout le monde connaît les travaux, furent alors appliquées plus étroitement à la pathologie interne. Bichat venait de les rendre désormais impérissables par ses écrits et par ses belles expériences. Pour réussir, tout devait être marqué du sceau de la physiologie : les écrits, l'enseignement et même les systèmes qui méritaient le moins de porter le nom de doctrines physiologiques.

Il faut aussi remarquer que Pinel, avec sa méthode savante, pleine de clarté et de philosophie, avait forcé les médecins à entrer franchement dans la voie de l'analyse rigoureuse ; méthode dont le résultat infaillible devait être de dégager la science de la confusion étrange dans laquelle elle languissait. Broussais lui-même, malgré ses fières dénégations, n'avait donné quelque autorité à sa doctrine qu'en lui imprimant la même direction.

La clinique, inaugurée officiellement avec un grand talent par Corvisart et Laënnec, cultivée bientôt par d'autres hommes dont les noms illustrent notre Faculté, la clinique était le but constant vers lequel tendaient les efforts de ceux qui voulaient rendre à la médecine son éclat et son autorité.

Les savants, qui suivaient avec intelligence ce mouvement scientifique, avaient compris que les voies scientifiques ne suffisaient plus, qu'il fallait en créer de nouvelles, et marcher ainsi à la conquête des vérités encore inconnues. C'est dans ce concours heureux de circonstances que M. Rostan commença à se faire connaître. La netteté de son esprit lui avait fait apercevoir sur-le-champ le but vers lequel il devait tendre. L'anatomie pathologique et la clinique basées sur la physiologie furent donc le sujet ordinaire de ses travaux. Les nombreux ouvrages qu'il a publiés successivement, ses leçons cliniques, son enseignement ont toujours été marqués par les principes d'une physiologie claire, facile et pleine d'intérêt pour les élèves et les médecins.

Placé d'abord à la Salpêtrière au commencement de ses études, il avait vu de près et avait pu admirer les hautes facultés de Pinel ; son instruction solide, étendue, sa philosophie générale, sa connaissance approfondie de l'histoire furent les sources fécondes auxquelles M. Rostan vint puiser quelques-unes des qualités de son auguste maître.

A cette époque il donna des preuves de son courage civil et de son talent pendant l'épidémie de typhus qui fit de nombreuses victimes (1814); il en fut atteint lui-même et faillit succomber. Nommé bientôt médecin surveillant des internes à la Salpêtrière, il fut alors en possession d'un vaste service, où il poursuivit avec ardeur ses recherches anatomiques et cliniques. Il ne tarda pas à faire paraître ses *Recherches sur le ramollissement du cerveau* (1819), et son *Traité élémentaire de médecine* ou *Cours de médecine clinique* (1825). Ces deux ouvrages, qui obtinrent un grand et légitime succès, reposent sur des études de prédilection qu'il n'a jamais cessé de poursuivre jusqu'à la fin de sa carrière. Le premier livre concourt dignement avec les écrits de Corvisart, de Bayle, de Laënnec, de Dupuytren, de Lallemand, d'Andral, à assurer les grandes conquêtes dues à l'anatomie pathologique.

Le second ouvrage a contribué plus encore que le précédent à fonder la réputation de notre collègue et à le placer parmi les promoteurs de la clinique médicale. Le *Traité élémentaire de médecine* renferme les notions les plus claires et les plus instructives de la clinique. Il est resté entre les mains de tous comme un livre classique qui a servi pendant longtemps à enseigner aux élèves l'ordre et la méthode si utiles au lit du malade. On y trouve exposés, en un style facile et élégant, les principes de la physiologie pathologique, sur laquelle il aimait justement à insister. Ce livre doit être considéré, en outre, comme un résumé, élémentaire sans doute, mais suffisant pour l'époque, de pathologie générale. Cette science, déjà si développée et si grande dans les écrits de Galien, était retombée à l'état rudimentaire et restait encore entourée d'incertitude et d'obscurité. Il est vrai que les esprits les plus éclairés croyaient avec juste raison qu'il était prématuré, à cette époque, d'appliquer la synthèse aux faits douteux dont se composait trop souvent la pathologie interne. Le temps de la synthèse et de la pathologie générale n'était pas encore venu.

M. Rostan, toujours infatigable dans la carrière littéraire comme dans celle de l'enseignement, voulut porter la clarté pnysiologique et la méthode dans l'étude si obscure de l'hygiène. Il publia son *Cours élémentaire*, dans lequel tout repose sur l'ordre physiologique et la localisation des fonctions. Ceux qui lisent ce livre doivent se reporter à l'époque où il a été écrit et où l'on croyait infaillible la seule classification fondée sur l'analyse physiologique. Ce livre n'offre qu'une tentative éphémère, qui a été bientôt effacée par les travaux les plus exacts et plus complexes de la physique et de la chimie modernes.

Nous rappellerons aussi les mémoires nombreux, les articles de dictionnaire qui ont été publiés successivement par notre collègue, pour nous arrêter sur l'un de ses ouvrages de prédilection, sur l'*Exposition des principes de l'organicisme.* Il en a paru plusieurs éditions, que l'auteur a toujours revisées avec le plus grand soin (1846-1864). Il en avait déjà fait connaître les principes fondamentaux dans d'autres écrits, et surtout dans son enseignement oral ; mais il les reproduit dans ce livre avec plus de netteté et de décision. M. Rostan s'y montre ce qu'il a toujours été, un libre penseur, que le flambeau de la raison et de la physiologie dirige exclusivement en toutes choses, et qui veut l'appliquer à la médecine comme aux autres connaissances humaines. Il ne recule devant aucune conclusion, et le positivisme qu'il enseigne s'adapte aussi bien aux faits d'ordre psychologique qu'aux faits d'ordre scientifique. On reconnaît, dans certains passages, les hardiesses de Broussais et de son école ; nous n'avons pas à instituer la défense des propositions formulées par M. Rostan ; nous voulons seulement faire remarquer qu'il s'est toujours montré soit dans ses écrits, soir dans sa chaire, partisan déclaré du progrès, sectateur des idées nouvelles et de tout ce qui pouvait contribuer à l'émancipation de l'esprit humain. Les succès bien legitimes qu'il a obtenus parmi la jeunesse tiennent, en grande partie, à l'ardeur de ses principes, qu'il formulait, d'ailleurs, en termes fort modérés ; sa bonne foi était extrême, et elle sut toujours respecter les convictions les plus opposées.

Sa nomination à la chaire de clinique interne, à la suite d'un brillant concours, en 1833, vint confirmer définitivement la série de succès qu'il avait d'abord obtenus dans la carrière de l'enseignement libre. Du reste, il possédait tous les talents du professeur consommé : langage facile, diction élégante, rehaussée par le geste et l'attrait de la parole..... Ces qualités lui attirèrent un auditoire nombreux et sympathique. Les élèves aimaient à l'entendre ; une fois leurs études terminées, ils emportaient au fond de leurs provinces le souvenir du maître qui les avait dirigés. Pendant trente années personne n'a rempli avec plus d'exactitude et de zèle les devoirs de professeur ; il s'en était rendu l'esclave. Sa santé, son intérêt en souffraient parfois ; mais son dévouement absolu le mettait toujours au-dessus de ces considérations secondaires. La grandeur des fonctions qu'il remplissait le touchait seule.

Cependant les fatigues d'un enseignement aussi persévérant finirent par porter atteinte à sa santé et par user ses forces. M. Rostan conservait, toutefois, son ardeur juvénile ; soutenu par la conscience d'un devoir accompli, son courage ne se démentit pas un instant : malgré les avertissements de l'âge, il n'en resta pas moins sur la brèche de l'enseignement. Les élèves, comme pour le dédommager d'un si vertueux sacrifice, l'encourageaient encore par leur assiduité et leurs suffrages..... Cependant il fallut céder. Quelques années après avoir reçu tardivement une de ces distinctions honorifiques qu'on accorde si difficilement à certains hommes, M. Rostan demanda et obtint sa retraite en 1864.

Il aimait encore à venir, au sein de la Faculté de médecine, prendre part aux travaux de ses collègues, qui se plaisaient à voir en lui la personnification du dévouement aux devoirs de l'enseignement ; sa vue leur rappelait les sacrifices nombreux et spontanés que M. Rostan n'avait jamais cessé de lui faire.

Toutes ces qualités de l'esprit et du cœur devaient lui attirer de nombreux amis, et, dans ce moment suprême, où trop souvent, hélas ! les liens les plus sacrés sont rompus, il reste entouré d'un cortége qui témoigne par sa douleur de la vivacité des amitiés et du respect de la famille.... L'éclat du nom qu'il a porté et le souvenir impérissable de ses talents doivent être pour elle une source de consolation.

DISCOURS

DE

M. LE DOCTEUR BOUCHARDAT,

Président de l'Académie de Médecine.

Chaque jour amène un nouveau deuil pour notre Compagnie ; la tombe se ferme à peine sur les dépouilles mortelles de Michon, de Baffos, de Bally, de Gibert, de Mêlier, qu'elle s'ouvre pour recevoir un maître vénéré, un de nos plus éminents collègues.

Vous venez d'entendre une voix autorisée qui vous a fait connaître les titres scientifiques de M. Rostan ; permettez-moi de reporter vos souvenirs sur le théâtre des ardents travaux, du bonheur et de la gloire de l'ami que nous pleurons.

C'est au milieu des calamités publiques que, bien souvent, les hommes d'une grande valeur se révèlent.

La France était envahie. Paris occupé par d'innombrables soldats ennemis, le typhus éclate dans nos hôpitaux ; nos hospices sont convertis en ambulances ; la Salpêtrière, cet immense asile, est encombrée de malades et de mourants. C'est sur ce champ de bataille du typhus que Rostan commença ses premières armes.

Toujours debout pour secourir les malades, pour se livrer à d'ardentes études, il fait l'admiration de ses maîtres et de ses émules. Après vingt ans, son nom est dans les récits de tous les vieux employés qui l'ont vu à l'œuvre, et que bien souvent il a soignés et sauvés.

Il s'attacha tellement à cette maison par le bien qu'il y avait fait, par les travaux qu'il y avait accomplis, que, médecin d'hôpital, il ne pensa jamais à la quitter. C'est en 1818 qu'il ouvrit son premier cours public.

Ce fut un beau spectacle que de voir toute la jeunesse médicale, avide d'instruction, accourir au lointain hospice pour suivre les leçons du jeune professeur libre.

Mais aussi que de travaux accomplis, que de soins inconnus jusque-là dans l'examen minutieux des malades et dans les autopsies; que d'heureux efforts pour rattacher les symptômes des maladies aux lésions caractéristiques!

Nous voyons de ce jour commencer l'ère de la médecine positive; celle qui, abandonnant les doctrines exclusives et les vaines spéculations, ne s'attache qu'aux faits et à leur légitime interprétation.

C'est en suivant patiemment cette méthode dans son service de la Salpêtrière que Rostan exécuta ses *Recherches sur le ramollissement du cerveau*, monument impérissable, qui portera le nom de son auteur aux générations les plus reculées.

Ses trois volumes de médecine clinique sont les manifestations du même esprit et le complément nécessaire de ses premiers travaux.

A la même époque, M. Rostan publia ses deux volumes d'hygiène. L'influence des modificateurs sur l'homme, l'étude des causes forment la base de cette science. Aucun travail ne pouvait compléter d'une manière plus heureuse les connaissances qui sont nécessaires à un clinicien accompli.

Ce fut en 1833, après un concours où brillèrent les médecins les plus éminents de l'époque, que M. Rostan fut nommé professeur de clinique de la Faculté. Pendant plus de vingt-cinq ans à la Pitié, à l'Hôtel-Dieu, il consacra toutes ses forces à l'éducation vraiment scientifique des médecins de son temps. Dans ses leçons longuement préparées la forme était aussi distinguée que le fond.

Comme il savait encourager les bons élèves en les dirigeant dans leurs moindres travaux, en les entourant en toute occasion d'une bienveillance vraiment paternelle ! Aucun professeur de clinique ne sut mieux que lui réveiller ces étudiants à intelligences engourdies, qui ne fréquentent les salles que pour se distraire.

Faire bien tout ce qu'on entreprend, c'était sa devise. Arrivé le premier à l'hôpital et l'hiver avant l'aube, il en sortait le dernier.

Il répétait souvent : pour atteindre la supériorité dans un art, il faut l'aimer. Suivant en cela les exemples d'Hippocrate, de Galien, de Sydenham, il aima la médecine avec passion et communiqua le feu sacré à beaucoup de ses disciples.

Être chef de clinique dans son service était une position très-recherchée. « Quelle protection, me demandait un compétiteur, sera le mieux écoutée ? » Arriver pendant un an le premier à sa visite, sans manquer un jour, recueillir pendant ce temps les observations avec un soin minutieux. La recette était infaillible : au bout de l'an la place était conquise.

La bienveillance extrême de M. Rostan était appréciée de tous.

« Mon plus vif désir, écrivait-il dans son dernier ouvrage, est de n'offenser personne. » Pour ses amis, M. Rostan était d'un dévouement sans bornes ; combien d'entre nous n'en ont-ils pas éprouvé les puissants effets ! Nature d'élite, il était en tout et toujours l'ami passionné du bon et du beau.

Les dernières années de la vie de M. Rostan furent cruellement éprouvées par une succession de graves maladies.

Quel contraste ! lui, si merveilleusement doué, il avait tout dans sa jeunesse : force, éloquence, beauté physique et intellectuelle, résistance absolue à toutes les causes de maux. A la fin de sa carrière, la maladie l'avait brisé. Heureusement qu'il y avait pour le soutenir le dévouement sans bornes d'une épouse pour laquelle il avait la plus vive affection, et d'une famille admirable qui lui donna tout le bonheur dont il pouvait jouir ici-bas.

Jusqu'à la fin de sa vie, M. Rostan a toujours été vivement préoccupé de l'avenir de ses travaux ; il les a défendus avec autant de chaleur que de conviction dans son livre intitulé : *De l'organicisme.*

« Je n'ai jamais, dit-il, répondu aux critiques que l'on m'a adressées ; je les ai lues, examinées, pesées avec la plus grande attention. La plupart (le croira-ton?) ont été faites par des gens qui ne se sont pas donné la peine de me lire. Ils ont critiqué sur des *on dit.* »

Cette légèreté, qui n'est, hélas ! que trop commune, blessait profondément M. Rostan ; mais, rentrant en lui-même, il ajoutait comme consolation suprême :

« La tombe va bientôt se fermer sur moi. Mes principes se défendront seuls. J'ai la conviction d'avoir écrit ce qui est vrai. »

Oui, vénéré maître, tes découvertes capitales ne s'effaceront jamais du grand livre de la science ; ton image vivra dans le cœur de tes élèves, de tes amis, jusqu'au jour où nous te reverrons dans un monde meilleur !

DISCOURS

DE

M. LE DOCTEUR VIGLA,

Médecin de l'Hôtel-Dieu.

La *Société médicale des hôpitaux* compte M. Rostan parmi ses membres fondateurs, et a eu l'honneur d'être présidée par lui. Elle a voulu, au jour des suprêmes adieux, rendre hommage à celui qui s'empressa de venir partager nos travaux, alors que depuis longtemps déjà professeur, médecin de l'Hôtel-Dieu, membre de l'Académie de médecine, il occupait l'un des premiers rangs de la hiérarchie médicale, à un âge où d'ordinaire l'homme regarde avec plus de complaisance le passé que l'avenir. C'est que, fidèle aux principes de toute sa vie, ami sincère du progrès, il suivait avec sollicitude tous les efforts qui tendaient à agrandir le domaine d'une science qui lui était chère, à élever le niveau moral d'une profession qu'il regardait comme honorable entre toutes.

En lui nous aimions à contempler l'un des représentants illustres de l'époque orageuse, mais féconde, qui a précédé les jours calmes et un peu froids que nous voyons aujourd'hui. Il avait pris une part active aux luttes scientifiques soulevées par le bouillant auteur de la doctrine physiologique. Il était, à nos yeux, l'un des fondateurs et l'une des gloires de l'École de Paris.

Combien M. Rostan aimait à se reporter à cette phase si brillante de sa vie, qui se déroule, de 1815 à 1832, dans ce vieil hospice de la Salpêtrière, où il grandit à côté de Pinel, son maître! Admirablement doué par la nature, qui lui avait donné ce qu'elle réunit rarement, une grande force physique et une grande intelligence, préparé par une forte éducation classique, né avec un goût prononcé pour les arts, il mène de front les travaux les plus divers. Pour ce qui est du médecin, il partage son temps entre les salles de malades, l'amphithéâtre des autopsies et le cabinet d'étude. Dans sa pensée, les sciences physiques et naturelles renferment des connaissances presque aussi indispensables à celui qui se consacre à la médecine que l'anatomie et la physiologie; il s'y livre avec ardeur et puise dans leur étude approfondie des règles applicables à la conservation de la santé de l'homme; il en fait le sujet d'un de ses premiers ouvrages : le *Cours élémentaire d'hygiène* (1822; in-8°, 2 vol. — *Ibid.*, 1828 ; in-8°, 2 vol).

Quant aux bases sur lesquelles doit reposer la pathologie, son esprit sévère et positif les cherchera, autant que possible, dans les altérations de nos organes, d'une part, et, de l'autre, dans les souffrances qui s'y rapportent, c'est-à-dire dans l'anatomie et la physiologie pathologiques. C'est sur ces assises solides qu'il établit les fondements de la *médecine organique*, c'est avec leur secours qu'il porte le dianostic à un degré de précision inconnu aux générations qui nous ont précédées, et dans lequel nous voyons encore avec raison une source inépuisable de progrès à venir.

C'est à cette confiance inaltérable, à cette foi profonde dans l'excellence de sa doctrine qu'il doit sa plus belle récompense scientifique, l'honneur d'avoir découvert la maladie connue sous le nom *ramollissement du cerveau* (*recherches sur une maladie encore peu connue, qui a reçu le nom de ramollissement du cerveau ;* Paris, 1820, in-8°, p. 181. — 2e édit. aug., *ibid.* 1823, in-8°); et telle est la perfection de ses descriptions, la sobriété et la rigueur de ses appréciations, que les travaux nombreux publiés depuis sur le même sujet ont pu ajouter à son œuvre, mais n'ont eu à redresser ou à contredire aucune de ses assertions. M. Rostan avait trente ans quand il publia cet ouvrage important, qui lui assure une place distinguée dans l'histoire des découvertes de la médecine.

C'est dans le même esprit qu'il étudie toutes les maladies du corps humain, et il publie, en 1826, sa première édition du *Cours de médecine clinique. (Traité élémentaire de diagnostic, de pronostic et d'indications théra-*

peutiques, ou cours de médecine clinique; Paris, 1826, in-8°, 3 vol. — 2e édit., *ibid.*, 1830, in-8°, 3 vol.)

Ces trois ouvrages, et divers mémoires publiés dans les journaux de médecine, plusieurs articles de la première et de la deuxième édition du *Dictionnaire de médecine*, tous remarquables par la clarté et l'exactitude de la partie descriptive, par la pureté et l'élégance du style, suffisaient à fonder légitimement la réputation du médecin et du savant, et cependant le professeur, dans M. Rostan, était déjà bien supérieur à l'auteur et avait toutes ses préférences. Il fallait que son enseignement eût un attrait bien puissant pour qu'une assistance nombreuse se portât, en hiver, à huit heures du matin, à cet hospice de la Salpêtrière : il m'a souvent dit qu'il avait trouvé dans cet empressement des élèves à braver la distance et les rigueurs de la saison l'une des plus douces émotions de sa vie. C'était dans ces mêmes années qu'une école rivale, celle de Broussais, attirait au Val-de-Grâce une foule non moins compacte, la même peut-être, à des leçons également brillantes : années de luttes, d'hésitations, de partage où les drapeaux de la médecine physiologique et de la médecine organique étaient tenus par deux vaillants athlètes, qui devaient, un peu plus tard, entrer à la Faculté par deux portes différentes.

Le concours, rétabli après la Révolution de 1830, valut à M. Rostan de nouveaux succès, de nouveaux triomphes, et une chaire de clinique à la Faculté de médecine. C'est dans ses leçons officielles que j'ai pu, comme beaucoup de ceux qui m'écoutent, apprécier ses rares qualités de professeur. Il avait atteint dans l'enseignement particulier sa complète maturité; mais il eut le don de la conserver jusqu'au moment où la maladie vint briser ce que l'âge aurait encore longtemps respecté. Ses dernières leçons captivaient autant l'attention de la génération présente que celles qui l'écoutaient dans sa jeunesse. C'est qu'il avait à un haut degré la puissance d'intéresser, d'initier les auditeurs à l'objet de la leçon. Jamais professeur ne fut plus essentiellement clinicien. Il excellait à exercer les élèves à l'examen et à l'interrogation des malades, à la pratique minutieuse de tous les procédés d'exploration nécessaires au diagnostic, dont il faisait la base de la clinique. Il les interrogeait, contredisait et développait ainsi en eux un esprit de sage critique, formait leur jugement. Quel charme et quel intérêt il savait donner à ces consultations de docteurs en herbe! Comme il aimait passionnément son art, il savait également le faire aimer. Mais aussi comme il était toujours simple, toujours clair, ennemi des mots vides de sens, de ce qu'il appelait le galimatias double! Comme il avait le bon esprit d'épargner aux débutants les difficultés, les subtilités! A défaut des cas les plus simples, ce que la nature ne fournit pas toujours, il se tenait, dans les cas difficiles et compliqués, à ce qu'il y avait de simple et de saisissable, laissant le reste à la science de l'avenir. Il voulait que ses leçons fussent accessibles à tout élève possédant les premiers éléments d'anatomie et de physiologie. Ce qu'il voulait apprendre, en un mot, c'était la manière d'apprendre, et certes nul n'y a réussi mieux que lui.

Ajoutons aussi, pour expliquer ses succès, que

M. Rostan avait une élocution naturellement facile, ce qui ne le dispensait pas de préparer laborieusement ses leçons. Il avait aussi les qualités de l'orateur, le débit animé, le geste approprié, le jeu de la physionomie, l'enthousiasme, qualités que l'enseignement clinique, au premier abord, ne semble pas comporter, mais dont il tirait un grand secours pour captiver son auditoire. Et puis, il avait ce qui attire : de la dignité et même une certaine fierté dans le maintien, la distinction et l'élégance des manières, une tenue toujours irréprochable. Jamais maître ne fut à la fois plus bienveillant et moins familier. Passionné pour les belles-lettres et les beaux-arts, il avait l'horreur du grossier, du commun et même du sans gêne en toute chose. Doux et charitable aux malades de l'hôpital, d'une politesse exquise pour les gens de service, d'une indulgence affable pour les élèves, on n'entendit jamais sortir de sa bouche une personnalité blessante, jamais une critique acerbe. Quelle douceur, quelle tempérance de manières dans une nature ardente comme l'était celle de M. Rostan! C'est là une rare association d'éléments en apparence incompatibles, et qui, si je ne me trompe, était un des traits les plus saisissants du caractère de M. Rostan.

Avec un tel apanage, M. Rostan devait arriver à la clientèle, et, par elle, à la fortune. Mais il faut encore dire à sa louange la plus méritée que son humanité franchissait les portes de l'hôpital, que son désintéressant était bien connu et que sa bourse fut toujours largement ouverte aux infortunés, surtout à ceux de la profession. Le bien que l'on pourra dire de lui à cet égard sera probablement toujours au-dessous de la vérité.

Avec cette réunion de qualités solides et brillantes, pardonnez-moi, Messieurs, mais il fut si bon pour moi, que j'allais dire avec ces perfections, M. Rostan dut être heureux, et il le fut jusqu'au jour marqué pour tous, un peu plus tôt, un peu plus tard, où se manifestent les signes précurseurs de la catastrophe finale. L'incubation fut longue. Touché légèrement d'abord il y a six ans, puis et à plusieurs reprises de plus en plus fort par le doigt de la mort, à la tête, comme cela arrive souvent aux hommes d'élite, il reconnut le coup et se résigna. Sa digne compagne et sa fille adorée lui aidèrent à supporter patiemment cette épreuve suprême destinée à le montrer sous un jour nouveau, mais encore à son avantage. Il y a quelques mois, il voulut voir son neveu, le fils de sa sœur, l'honorable docteur d'Astros, médecin en chef de l'Hôtel-Dieu de Marseille, qui continue dans cette ville, non loin du berceau de la famille de M. Rostan, les nobles et saines traditions de son oncle, et qui accourt aujourd'hui pour remplir près de sa tombe un pénible devoir.

A mesure que le moment de la séparation approchait, M. Rostan voulut voir plus souvent ses amis, et il en avait beaucoup ; il dépouilla vis-à-vis de ses élèves cette retenue que semblaient lui imposer les convenances magistrales pour les traiter en amis, en véritables enfants ; et quand la parole lui refusa l'expression de ses sentiments si affectueux pour ceux qui venaient le visiter, il y suppléa en leur pressant la main avec effusion.

C'est ainsi que nous avons vu s'éteindre, après une agonie morale de plusieurs années, pieusement résigné, l'homme de bien, le grand médecin, le professeur éminent que nous pleurons aujourd'hui. Il est mort pour nous, mais non pour l'honneur de notre profession, pour l'histoire de notre art à laquelle son nom appartient déjà depuis longtemps.

DISCOURS

DE

M. LE DOCTEUR LUCIEN BOYER,

Membre du Conseil général du Var.

MESSIEURS,

Vous avez entendu les interprètes éloquents des corps illustres auxquels appartenait celui dont nous déplorons la perte. Ce ne serait point à moi de parler ici au nom de ses élèves, dont je ne suis qu'un des plus obscurs, quoiqu'un de ceux qui ont été le plus comblés de ses bontés ; mais c'est à moi qu'incombe le devoir et qu'appartient le droit de lui adresser les derniers adieux de son pays natal, d'exprimer les regrets de la Provence, dont il est une des gloires, et qui eut toujours une si grande part dans son affection.

M. Rostan est né à Saint-Maximin (département du

Var); sa famille était de Tourves, ville voisine, où vit encore, entouré du respect général, un frère plus âgé que lui. Dès sa plus tendre jeunesse il reçut du vénérable abbé d'Astros, depuis prince de l'Église (1), les premiers enseignements dont le fruit s'est retrouvé conservé à ses dernières heures; car, quoi qu'on en ait pu dire ou penser, le fondateur de l'organicisme médical n'a jamais été matérialiste, et toujours il a su maintenir une ligne de démarcation tranchée entre le domaine de la science et de la religion.

Amené à Paris de bonne heure, par un père dont la sollicitude tendre et éclairée avait su discerner ses heureuses dispositions, il y fit de fortes études qui préparèrent pour l'avenir le penseur méthodique et profond, le professeur et l'écrivain brillant et correct, qui a tenu une si grande place dans l'enseignement.

Depuis lors il ne fit plus en Provence que de courtes apparitions; retenu dans le grand centre des progrès de la science, dans l'arène de la discussion des doctrines médicales, par les exigences du service hospitalier, qui faillit lui coûter la vie lorsque les désastres de la patrie firent de la Salpêtrière un foyer de typhus, par celles de l'enseignement clinique, auquel il s'était voué, et celles d'une pratique étendue, qui était venue spontanément le trouver, il ne put revoir son pays qu'à de longs intervalles et toujours pour peu de temps. Mais chacun de ces rapides voyages fut une nouvelle occasion de s'y faire aimer de plus en plus; accessible à tous, bienveillant toujours, ne refusant jamais ni ses pré-

(1) Cardinal, archevêque de Toulouse.

cieux conseils, ni ses services généreux et discrets, je dis discrets, car de sa vie toute au grand jour il n'a jamais caché qu'une chose, le bien qu'il faisait..... Mais je ne puis en dire davantage, ce serait contrevenir à sa volonté.

Lorsqu'une grande position noblement acquise et dignement occupée les lui eut rendus plus faciles, lorsque les douces joies de la famille, ayant remplacé les ardeurs dévorantes de la lutte, lui eurent fait sentir plus vivement tout le charme de ces retours au berceau de ses premières années, sa santé, déjà gravement compromise, ne les lui permit plus.

Mais, éloigné de la Provence, il l'a toujours eue présente à l'esprit ; toujours il s'est plu à reporter ses pensées vers les plus anciens souvenirs de son enfance, sur les beautés du pays natal, sur les grands et utiles travaux qui doivent en accroître la prospérité, sur les caractères particuliers du génie méridional, dont il était un si parfait représentant, et sur les progrès intellectuels et moraux qui doivent le féconder, mais non l'éteindre. C'est sur ces sujets qu'il ramenait toujours nos entretiens intimes depuis que la cruelle maladie qui devait nous le ravir l'avait arraché à la pratique active de la médecine.

La Provence, qu'il a tant aimée, n'oubliera pas sa mémoire, et le considérera toujours comme un fils dont elle a le droit d'être fière, comme une de ses gloires les plus pures et les plus dignes de douloureux regrets.

Maître chéri et vénéré, compatriote illustre, reposez en paix !

Paris. — Imp. FÉLIX MALTESTE et Cie, rue des Deux-Portes-Saint-Sauveur, 22.

BIBLIOTHEQUE NATIONALE DE FRANCE
3 7502 01048530 0

www.ingramcontent.com/pod-product-compliance
Lightning Source LLC
La Vergne TN
LVHW010306230826
846091LV00007BB/2737

* 9 7 8 2 0 1 1 7 5 8 9 9 6 *